بِسْمِ اللهِ الرَّحْمٰنِ الرَّحِيْمِ

Yn Enw Allah, y Mwyaf Trugarog, y Mwyaf Tosturiol

Mae'r llyfr hwn yn anrheg arbennig
i blentyn arbennig gan Allah .

Boed iddo dy nesáu at Ei gariad,
Ei drugaredd a'i oleuni

Dod i adnabod Allah Ein Creawdwr

Llyfr Plant Sy'n Cyflwyno Allah

The Sincere Seeker Collection

Allah ﷻ yw'r Un ac Unig.
Ef yw ein Crëawdwr caredig a wnaeth ti, fi,
a phopeth a welwn.

Bob dydd, mae Allah ﷻ yn gofalu amdana ni—
Mae'n rhoi bwyd blasus a gwelyau clyd i ni,
ac Ef sy'n ein cadw'n ddiogel.

Mae Allah ﷻ uwchlaw popeth
ac yn gwylio drosom bob amser gyda chariad.

Gwnaeth Allah ﷻ blanedau enfawr
a rhai bach hefyd.

Crëodd y Ddaear
fel ein cartref hardd.

Yn y nos, mae'r sêr yn disgleirio
i oleuo'r awyr.

Gwnaeth Allah ﷻ y bydysawd
i ni edrych arno gyda rhyfeddod.

Crëodd Allah ﷻ y lleuad lawn
i ddisgleirio yn y nos.

Mae'n gwneud cymylau meddal
sy'n arnofio'n dyner uwch ein pennau.

Mae'n anfon glaw
i helpu planhigion dyfu
ac i lanhau'r ddaear.

Mae'n anfon gwyntoedd i bob cyfeiriad
a chynhesrwydd yr haul
i wneud i bethau flodeuo.

Gwnaeth Allah ﷻ ddŵr oer
a dŵr cynnes.

Gwnaeth afonydd sy'n llifo,
moroedd mawr gyda thonnau,
a'r moroedd dwfn
lle mae creaduriaid rhyfeddol yn cuddio.

Mae'n gwneud i'r tonnau godi a disgyn—
weithiau'n dyner, weithiau'n gryf.

Gwnaeth Allah ﷻ
fynyddoedd tal sy'n cyrraedd yr awyr.

Gwnaeth fryniau bach eiraog
sy'n sgleinio yn yr haul.

Mae pob mynydd yn dangos
Ei nerth a'i harddwch.

Gwnaeth Allah ﷻ
goed banana ac oren
gyda ffrwythau blasus.

Llanwodd y byd
â blodau lliwgar
a pheraroglau melys.

Mae rhai'n blodeuo mewn gerddi;
mae eraill yn tyfu'n wyllt yn y caeau.

Mae pob un yn rhodd arbennig
gan Allah ﷻ i ddod â llawenydd inni.

Rhoddodd Allah ﷻ deuluoedd inni
i garu a gofalu am ein gilydd.

Mae rhieni'n ein hamddiffyn,
ac mae brodyr a chwiorydd cariadus
yn chwarae ac yn rhannu.

Mae teuluoedd yn rhodd arbennig.

Gwnaeth Allah ﷻ anifeiliaid mawr.

Fel eliffantod gyda thrwynau hir.

Ac eirth gyda ffwr meddal, blewog.

Crëodd aligatoraid gwyrdd
gyda dannedd miniog.

A morfilod anferth,
sy'n nofio'n ddwfn yn y môr.

Gwnaeth Allah ﷻ hefyd anifeiliaid bach.

Fel y fuwch goch gota fach.

A'r gwenynen sy'n bwrlwm.

Gwnaeth forgrug, sioncyn y gwair,
a phili-palaod sy'n hofran yn yr awel,
a gwas y neidr sy'n gwibio drwy'r awyr.

Mae pob un yn dangos
creadigrwydd rhyfeddol Allah ﷻ!

Mae Allah ﷻ yn rhoi bwyd a diod iach inni
i'n helpu dyfu'n gryf.

Mae gennym fara ffres,
grawnwin melys, afalau suddlon,
a mêl euraid.

A chaws melyn, llaeth hufennog,
a chyw iâr suddlon hefyd!

Mae pob brathiad a sip
yn fendith gan Allah ﷻ.

Diolch i Ti, Allah ﷻ,
am yr holl fwyd blasus
Rwyt Ti'n ei roi inni!

Rhoddodd Allah ﷻ fywyd inni
a llawer o fendithion eraill hefyd!

Cartref clyd a char
i fynd â ni ar deithiau hwyliog.

Dwy law i adeiladu,
dwy lygad i weld,
a dwy glust i glywed.

A chalonau sy'n curo gyda chariad.

Diolch i Ti, Allah ﷻ,
am yr holl roddion rhyfeddol hyn!

Mae Allah ﷻ yn gweld
ac yn clywed popeth,
hyd yn oed ein meddyliau tawelaf.

Mae'n gwybod beth sydd yn ein calonnau
a phopeth a deimlwn y tu mewn.

Mae'n sylwi ar ein meddyliau hapus
a'n gweithredoedd caredig.

Mae Allah ﷻ bob amser yn gwylio drosom
gyda gofal a chariad.

Mae Allah ﷻ yn ein caru ni
fwy nag y gallwn ddychmygu!

Mae Ei gariad yn ddyfnach na'r cefnfor,
yn fwy disglair na'r haul.

Mae'n gofalu amdana ni
pan fyddwn yn chwerthin neu'n crio,
pan fyddwn yn chwarae neu'n gweddïo.

Gad inni ddangos ein cariad
drwy gofio Allah ﷻ,
gweddïo arno, a gwneud daioni!

Daw pob daioni oddi wrth Allah ﷻ.

Ef yw Goleuni'r nefoedd a'r ddaear.

Mae Allah ﷻ yn ein tywys gyda'i olau,
gan helpu ein calonnau
i ddewis yr hyn sy'n iawn.

Pan wnawn ni ddaioni,
mae ein calonnau'n disgleirio hefyd.

Rydyn ni'n gweddïo ar Allah ﷻ
oherwydd Ef a'n creodd
ac Ef sy'n ein caru ni'n fawr iawn.

Rydyn ni'n Ei garu Ef hefyd.

Pan ofynnwn am help,
mae Allah ﷻ yn ein clywed
ac yn ateb yn y ffordd orau.

Gallwn siarad ag Allah ﷻ unrhyw bryd—
mewn amseroedd hapus
ac amseroedd trist.

Mae Allah ﷻ bob amser yn agos
ac yn gwrando.

Mae Allah ﷻ yn addo'r Baradwys
i'r rhai sy'n credu ynddo Ef
ac yn gwneud daioni—
lle o lawenydd
lle mae dymuniadau'n dod yn wir.

Bydd afonydd o fêl melys a llaeth yn llifo.

Bydd gerddi'n blodeuo gyda blodau
nad ydynt byth yn pylu.

Bydd ffrwythau blasus,
dillad hyfryd, a hapusrwydd diddiwedd.

Gad inni garu Allah ﷻ, gwneud daioni,
a cheisio ein gorau— fel y gallwn fod gydag Ef
yn y Baradwys un diwrnod!

Y Diwedd

Boed i'r daith hon dy nesáu at
gariad a doethineb anfeidrol Allah ﷻ.